Carsten Gerlitz

TV Hits für Kids

Leichte Arrangements für Klavier

Die Sendung mit der Maus
Wer hat an der Uhr gedreht?
Sandmann, lieber Sandmann
Neues vom Süderhof
Das Lummerlandlied
Pippi Langstrumpf
Dick und Doof
Das Urmellied
Tom & Jerry
Biene Maja
Winnetou
La-Le-Lu
u.v.m.

KDM

Titelcover: Carsten Gerlitz
Gestaltung, Text- und Notensatz: Johannes Rauterberg, Berlin
Fotonachweis: Ullstein Bilderdienst

Printed in Germany

ISBN 3-932051-96-3
ISMN M-50105-047-5
Best.-Nr.: 20984-196

Inhalt

(nach Schwierigkeitsgrad)

Die Sendung mit der Maus

(leichte Version)

Musik & Text: Hans Posegga/Stefan Raab/Lars Dietrich

Klavierbearbeitung: Carsten Gerlitz

♩ = 192

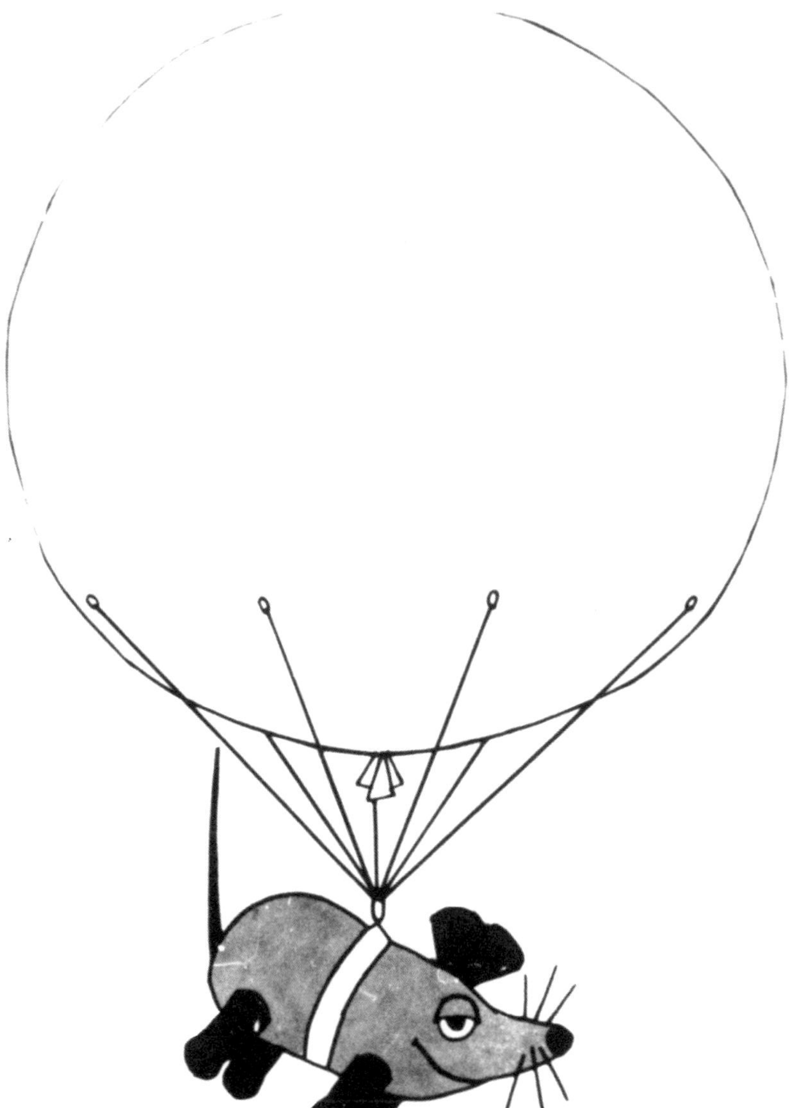

Urmellied

Musik: Hermann Amann
Text: Manfred Jenning

Klavierbearbeitung: Carsten Gerlitz

♩ = 80

2. Alle Tintleins sagen immer: „Mami, laß mich raus!"
„Bleib ganz lieb in Deinem Zimmer, ich komm bald nach Haus!"
Aber wenn das Tintlein fort ist, denkt es nicht mehr dran,
weil es doch so viele hundert söne Sachen sehen kann,
weil es doch so viele hundert söne Sachen sehen kann.

3. Wenn das kleine Tintlein dann nach Hause fröhlich geht,
schimpft die Mami gleich das Tintlein: „Du kommst viel zu spät!"
Liebe Mami, sei nicht böse und merk Dir zum Schluß,
daß das kleine Tintlein doch die sönen Sachen sehen muß,
daß das kleine Tintlein doch die sönen Sachen sehen muß.

Das Lummerlandlied

Musik: Martin Meinschäfer/Sebastian Schoplick/
Dominik Stahlschmidt/Hermann Amann
Text: Martin Meinschäfer/Sebastian Schoplick/Dominik Stahlschmidt/Manfred Jenning/Michael Ende

Klavierbearbeitung: Carsten Gerlitz

♩ = 116

Die linke Hand klingt eine Oktave tiefer noch besser! Probier's mal ...

2. Eine Insel mit zwei Bergen und dem Fotoatelier,
in dem letzten macht man Bilder, auf den ersten dullijö!
Die Breiten, diese Tiefen, diese Höhen sind bekannt,
und man spricht von den Motiven auf dem schönen Lummerland.

3. Eine Insel mit zwei Bergen und dem Fernsprechtelefon,
wählt man nur die richt'ge Nummer, klappt auch die Verbindung schon!
„Hallo, hier ist falsch verbunden“, „Wollen Sie sich jetzt beschwer'n?“
„Nein, warum, das kann passieren!“ „Also dann: Auf wiederhör'n!“

4. Eine Insel mit zwei Bergen und dem Laden von Frau Waas,
Hustenbonbons, Alleskleber, Regenschirme, Leberkas,
Körbe, Hüte, Lampen, Würste, Blumenkohl und Fensterglas,
Lederhosen, Kuckucksuhren und noch dies und dann noch das.

La-le-lu

Musik & Text: Heino Gaze

Klavierbearbeitung: Carsten Gerlitz

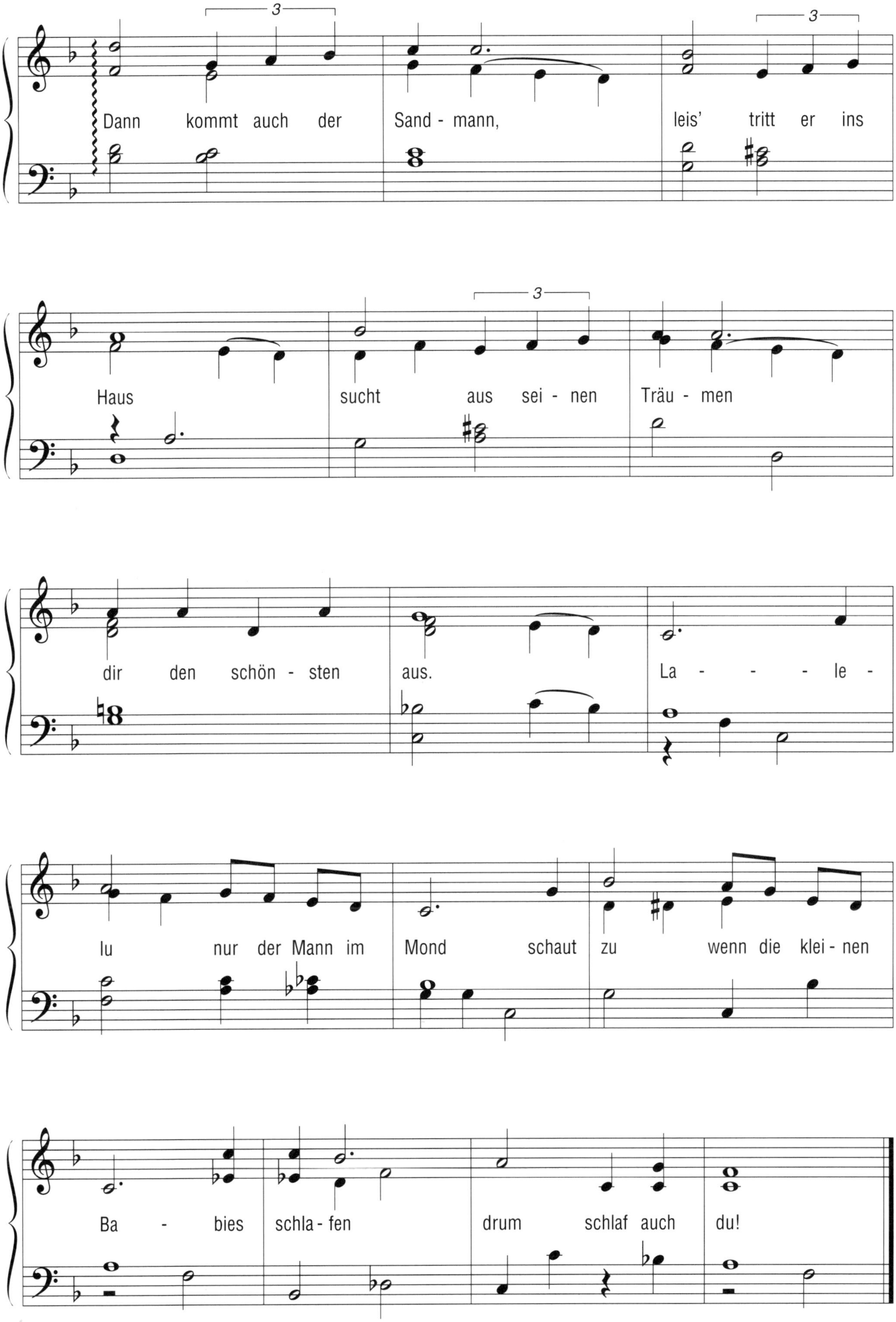
3
Dann kommt auch der Sand - mann, leis' tritt er ins
Haus sucht aus sei - nen Träu - men
dir den schön - sten aus. La - - - le -
lu nur der Mann im Mond schaut zu wenn die klei - nen
Ba - bies schla - fen drum schlaf auch du!

Pinocchio

Musik: Karel Svoboda
Text: Florian Cusano

Klavierbearbeitung: Carsten Gerlitz

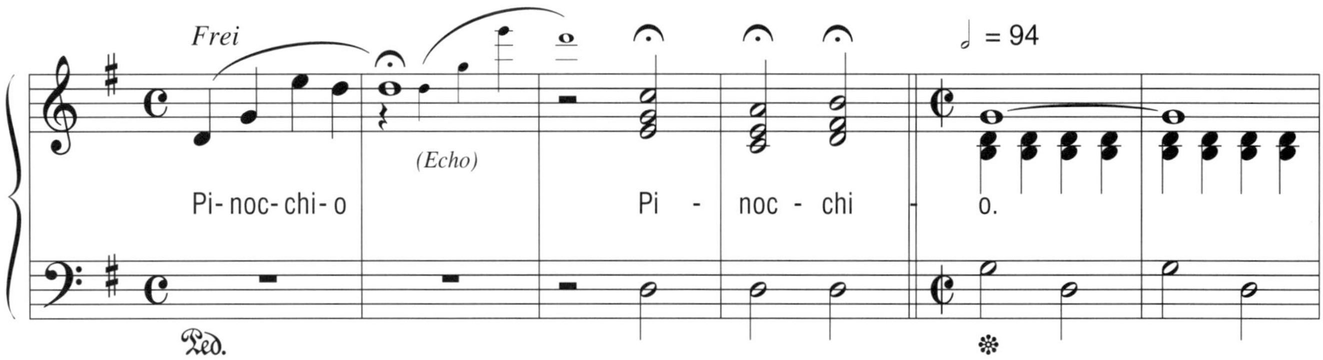

Die linke Hand klingt an vielen Stellen eine Oktave tiefer noch besser! Probier's mal ...

2. Kleines Püppchen, freches Bübchen,
du träumst von Freiheit und vom Ruhm,
vom Reichtum und von Heldentum,
mein Freund, warum?
Kleines Püppchen, freches Bübchen,
du fürchtest die Geborgenheit,
hast dich aus meinem Schutz befreit,
hat das nicht Zeit?

Sandmann, lieber Sandmann

Musik: Wolfgang Richter
Text: Walter Krumbach

Klavierbearbeitung: Carsten Gerlitz

Hey, Pippi Langstrumpf

Musik: Jan Johansson/Konrad Elfers
Text: Astrid Lindgren
dt. Text: Helmut Harun

Klavierbearbeitung: Carsten Gerlitz

♩ = 112

Hey, Pip - pi Lang - strumpf, tral - la - ri, tral - la - ri, tral - la hop - sa - sa.
Hey, Pip - pi Lang - strumpf, die macht was ihr ge - fällt.
Drei mal drei macht sechs, wi - de - wi - de wer will's von mir ler - nen?
Al - le, groß und klein tra - la - la - la lad ich zu mir ein. Ich hab ein
Haus, ein kun - ter - bun - tes Haus, ein Äff - chen und ein
Haus, ein Äff - chen und ein Pferd, und je - der, der uns

1.
Pferd, die schau - en dort zum Fen - ster raus, ich hab ein
mag, kriegt un - ser Ein - mal -
2.
eins ge - lehrt.
Zwei mal drei macht vier wi - de - wi - de witt und drei macht
neu - ne, wir ma - chen uns die Welt wi - de - wi - de wie sie uns ge -
fällt.
Drei mal drei macht sechs wi - de - wi - de wer will's von uns ler - nen?
Al - le groß und klein wi - de - wi - de lad ich zu uns ein.

Bugs Bunny

Musik: Quirin Amper jun./Fred Strittmatter
Text: Siegfried Rabe

Klavierbearbeitung: Carsten Gerlitz

♩ = 144 (Originaltonart B♭-Dur)

Biene Maja

Musik: Karel Svoboda
Text: Florian Cusano
♩ = 100

Klavierbearbeitung: Carsten Gerlitz

war ei - ne Bie - ne sehr be - kannt
Ped.
von der sprach al - les weit und
Ped.
breit. Und die - se
Ped.
Bie - ne die ich mei - ne nennt sich Ma - ja
klei - ne, fre - che, schlau - e Bie - ne Ma - ja, Ma - ja fliegt durch ih - re

Welt zeigt uns das was ihr ge - fällt. Wir tref - fen
heu - te uns - 're Freun - din Bie - ne Ma - ja
die - se klei - ne, fre - che Bie - ne Ma - ja Ma - ja, al - ler - lie - be
Ma - ja, Ma - ja Ma - ja Ma - ja Ma - ja
rit.
Ma - ja, er - zäh - le uns von dir.

Wir sind die Kinder vom Süderhof

Musik & Text: Rolf Zuckowski
Spezialtext: Rudolf Müssig
♩ = 120

Klavierbearbeitung: Carsten Gerlitz

fällt!
R.H.
Wir lie - ben
Tie - - - re und
lie - - - ben den
Sü - der - hof.
Ja, das ist
un - se - re
Welt.

Wer hat an der Uhr gedreht

(Paulchen Panther)

Musik: Quirin Amper jun./Fred Strittmatter
Text: Eberhard Storeck
♩ = 144

Klavierbearbeitung: Carsten Gerlitz

Die linke Hand klingt an vielen Stellen eine Oktave tiefer noch besser! Probier's mal ...

Machst ja manch - mal schlim- me Sa- chen ü - ber die wir trotz - dem la - chen,
denn du bist, wir ken - nen dich, doch nur Farb - und Pin - sel - strich
8va
Wer hat an der Uhr ge - dreht? Ist es wirk - lich
schon so spät? Scha - de, daß es sein muß, ist für heu - te wirk - lich Schluß?
(loco)
Heute ist nicht alle Tage,
ich komm wieder,
keine Frage!
Doch, für heut ist wirk - lich Schluß.

Dick und Doof

Musik: Quirin Amper jun./Fred Strittmatter

Klavierbearbeitung: Carsten Gerlitz

♩ = 104

Die linke Hand klingt an vielen Stellen eine Oktave tiefer noch besser! Probier's mal ...

1.
Ped.
2.
p
f
mf
f
fz

Old-Shatterhand-Melodie

"Winnetou"

Musik: Martin Böttcher

Klavierbearbeitung: Carsten Gerlitz

♩ = 80

1.
3
2.
(even ♪)
3
D.S al
(even ♪)
rit.
Ped.

Die Sendung mit der Maus

Musik & Text: Hans Posegga/Stefan Raab/Lars Dietrich

Klavierbearbeitung: Carsten Gerlitz

♩ = 192

8va

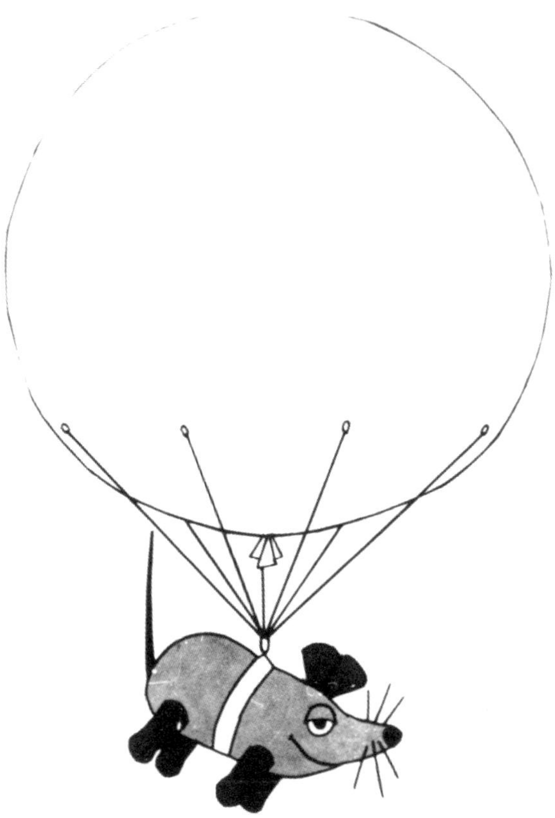

Mehr Piano-Hits von Carsten Gerlitz

Best.-Nr.: 20984-243

Best.-Nr.: 20984-261

Best.-Nr.: 20984-73

Best.-Nr.: 20984-258

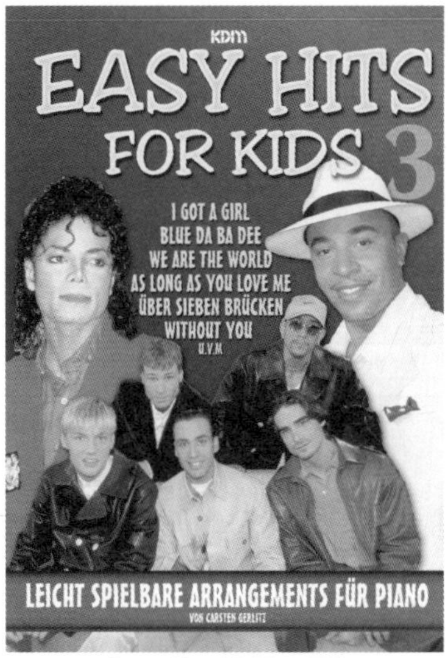

Best.-Nr.: 20984-262

Best.-Nr.: 20984-303

Best.-Nr.: 20984-302

Best.-Nr.: 20984-301

Best.-Nr.: 20984-276

KDM® is a trademark of Alfred Publishing Verlags GmbH

ALFRED PUBLISHING VERLAGS GMBH